MW01275503

Dios me escucha

Oraciones en rima para niños

Escrito por Cecilia Fau Fernández
Ilustrado por Vanesa Kroeger

La Biblia
me enseña

Todo lo que Dios nos da es sabio y maravilloso.
Él nos dejó un gran tesoro: la Santa Biblia.
Ella nos habla de Jesús, nuestro Salvador.
En ella también encontramos una guía para nuestra vida
y una respuesta a cada una de nuestras necesidades.

¡Gracias, Señor, por darnos la Santa Biblia!

El fruto del Espíritu es amor, alegría, paz, paciencia, amabilidad, bondad, fidelidad, humildad y dominio propio.

Gálatas 5:22-23

Gálatas 5:22-23

Padre que estás en los cielos
renueva en este día
los dones que tú me das
para dicha y alegría.
Amor, gozo y paz,
fe, mansedumbre, templanza,
paciencia y benignidad
¡gracias por tanta esperanza!
Amén.

Salmo 4:8

En paz me acostaré
y así mismo dormiré,
en el nombre de Jesús,
en su amor descansaré.

Padre escucha mi pedido,
alabado sea tu nombre,
gracias por tu presencia
¡cuida a todos los hombres!
Amén.

Salmo 33:1

La música es armonía,
un regalo es del Señor
cantemos todos bien fuerte:
¡Jesús es mi Salvador!

Padre amado que mi voz
alcance a tu oído
y lleve agradecimiento
por haberte conocido.
Amén.

Proverbios 15:1

Una dulce respuesta
puede quitar la ira,
una palabra de amor
es siempre bien recibida.

Amado Padre del cielo
te entrego mi corazón,
límpialo de mis pecados
¡gracias por tu gran amor!
Amén.

Proverbios 17:22

Un corazón alegre
constituye buen remedio,
que no me meta en peleas
que eso es algo muy feo.

Padre: escucha mi ruego
para poder corregir
la rabia que a veces viene
y se apodera de mí.
Amén.

Juan 15:12

El que no ayuda a su hermano
ofende a su Hacedor,
"Ámense unos a otros"
es la palabra de Dios.

Bríndame, Señor, amor
para cumplir tu ordenanza,
y dar a la humanidad
confianza, fe y esperanza.
Amén.

Isaías 66:13

Mamá dice que me amas,
y mi mamá nunca miente,
que me cuidas de verdad
¡Siento tu amor diferente!

Buen Señor, dame consuelo
como dice en Isaías
en verdad te doy las gracias
cada uno de mis días.
Amén.

Salmo 121:8

En paz saldré
y así mismo viajaré,
por Jesús custodiado
a buen puerto llegaré.

Encomiendo este viaje
a ti, Padre celestial,
guíame en el buen camino
con tu faro de piedad.
Amén.

Proverbios 17:17

En todo tiempo
ama a tu amigo,
es como un hermano
en tu camino.

Gracias por mis amigos,
los de la escuela y el club
bendícelos, Padre mío,
¡que conozcan a Jesús!
Amén.

*El Señor te cuidará en el hogar y en
el camino, desde ahora y para siempre.*

Salmo 121:8

Efesios 6:13-17

Somos todos los cristianos
un ejército en acción,
soldados bien protegidos
por la armadura de Dios.

Con coraza de justicia,
ceñidos por la verdad
llevamos el evangelio
a quien lo quiera escuchar.

Nuestro escudo es la fe,
nuestro casco es salvación,
y la espada del Espíritu
es la palabra de Dios.

La bandera es el amor,
Jesucristo nuestro guía,
van calzados nuestros pies
con paz y con alegría.

La gracia sea de todos,
el mal huyó en retirada,
no nos sobrevendrá mal
ni plaga a nuestras moradas.

En Dios cantamos victoria,
pues su reino cerca está,
con Jesús resucitado
y el evangelio de paz.

Padre bondadoso
tu soldado busco ser
ayúdame a ser bueno,
a tu Palabra ser fiel.

Gracias por escucharme,
que sea siempre así
mi corazón yo te entrego
y me siento muy feliz.
Amén.

Oren en el Espíritu en todo momento.

Efesios 6:18

La Santa Biblia es la brújula que nos lleva a buen puerto.
Si nos sentimos desorientados podemos acudir a ella.
La palabra de Dios, que nos conduce a Jesucristo,
nos guía por la senda verdadera.

¡Gracias, Padre, por todo
lo que nos enseña la Santa Biblia!

La Creación

Todo lo bueno que nos rodea fue creado por Dios para nosotros,
debemos cuidar nuestro planeta
y darle muchas gracias a nuestro Padre celestial
por un mundo tan hermoso.

Recibe, Señor, estas oraciones por ser tan bueno
y rodearnos de bellos paisajes.

Dios miró todo lo que había
hecho, y consideró que era muy bueno.

Génesis 1:31

La creación

Dios que todo lo has hecho
para alabar tu nombre
enséñame a cuidar
lo que a mí me corresponde.

Al dar las gracias te pido
que mi casa y mi familia
permanezcan en tu amor,
en tu luz y tu armonía.
Amén.

...

Dios iluminó el día,
puso en el cielo el sol,
vio que el calor era bueno
y la noche separó.

Las estrellas y la luna
en la noche dibujó
y estaba tan contento
que siguió con su creación:
mares, océanos, nubes,
generosa bendición,
campos, valles y montañas
¡Alaben a su creador!
Amén

Amado Padre del cielo
por este mundo te pido,
por cada país y reino,
por los hombres, por los niños,
por animales y plantas,
por el trabajo eficaz,
para que cada día
no falte a nadie tu pan.

Gracias por darnos confianza,
esperanza en la oración,
por enjugar nuestro llanto
y cubrirnos con tu amor.
Amén.

...

Gracias te doy Señor
por cuidar del colibrí
seguro vuela en el aire
porque confía en ti.

Me gusta cuidar las plantas
y las flores de alelí,
darle comida a Minino
me hace sentir feliz.

Colita mueve la cola
si lo saco al jardín,
si proteges a las aves
¡también me cuidas a mí!
Amén.

Hazme digno Señor
de conocer tu cuidado
para jugar y atender
la mascota que me has dado.
Amén.

...

Cuando la lluvia riega
agua sobre los cultivos
la naturaleza canta
con alegría en los trinos.

Dios cuida de las aves
y también del campesino,
llega hasta las ciudades,
él custodia los caminos.

Cuando asoma el arco iris
con su gama de colores
gracias te doy Señor
con himnos y oraciones.
Amén.

¡Gracias, Dios, por tu creación,
por los campos, por los ríos,
por animales y plantas,
y por todo tu cariño!
Amén.

...

Señor Jesús que anduviste
en tierras de Nazaret
y recorriste caminos
predicando sólo el bien,
enséñame a cuidar mi entorno,
toda la naturaleza,
para alabar tu nombre
en medio de la belleza.
Amén.

En el principio tú afirmaste la tierra,
y los cielos son la obra de tus manos.

Salmo 102:25

¡Alégrense los cielos, regocíjese la tierra!
Salmo 96:11

Padre alabado y querido
que nos miras desde el cielo
protege nuestro planeta
con tus cuidados certeros,
que el agua siempre sea pura,
y que el aire sea fresco,
para que las aves vuelen
alabándote en el cielo.
Amén.

...

Querido Dios:
¡Qué bueno eres!
Nos diste el cielo celeste,
los astros maravillosos,
y las noches estrelladas
que me llenan de gran gozo.

¡Gracias por los colores,
que pusiste al arco iris,
por el sol que da calor
y por la luna que hiciste!
Amén.

Señor Jesús:
He plantado unas semillas,
hazlas por favor crecer,
las regaré con cariño
hasta verlas ascender
con tallos hojas y flores
y ahí las cortaré.
Unas serán para mami,
otras para mi maestra
y un ramito especial
llevaré para la iglesia
donde gracias te daré,
Jesús, por tu gentileza.
Amén.

Los animales, los vegetales y los minerales;
la tierra, el agua, el fuego y el aire
son regalos que Dios nos dio para nuestro bien,
para que vivamos en paz y como hermanos.

¡Padre querido, danos sabiduría y amor
para que todos los hombres por ti creados
vivamos como verdaderos hijos de Dios!

Las cosas de todos los días

Todos quisiéramos ser como Jesús: amables y cariñosos.
Cada día renovamos nuestro deseo pidiéndole a Dios Padre
que nos ayude con sus bendiciones.
También debemos recordar en nuestras oraciones
a los que pasan necesidades y a los que aún no conocen a Dios
para que él los bendiga.

Al levantarse

¡Gloria a Dios nuestro Señor!
Padre, te pido con fe
que bendigas este día,
lo que soy y lo que haré.
Amén.

...

Me estiro por la mañana
y hago grande un bostezo,
le doy las gracias a Dios
y a mamá (papá) le doy un beso.

Como al niñito Jesús,
mamá (papá) me lava la cara,
y me limpia bien los ojos,
¡bendice, Dios, la mañana!
Amén.

Despierto a la mañana
y tú me has protegido
¡gracias por alejarme
de todo mal y peligro!

Guárdame, Señor,
de pecado y todo mal
para en este día
servirte y agradar.
Amén.

...

En este día gozoso
cuando me lave la cara
recordaré que el Bautismo
para el cielo nos prepara.

Dame, Dios, sabiduría
para poder elegir
en este día hermoso
el camino a seguir.
Amén.

*Lleven una vida de amor, así como
Cristo nos amó y se entregó por nosotros.*

Efesios 5:2

Porque él ordenará que los
ángeles te cuiden en todos tus caminos.

Salmo 91:11

Al acostarse

Orar es hablar con Dios
y también es escuchar
silencio... silencio
los ojitos a cerrar...

Dedos saltarines
uno, dos y tres
cuatro y cinco miran
mis manitos juntaré...

Sueño, sueño de los niños
angelitos velan ya
papá y mamá descansan
protege, Señor, mi hogar.
Amén.

Para dormir tranquilito
Perdón, Señor, te pido,
tú sabes, no lo haré más,
estoy muy arrepentido.
Amén.

...

Un amigo está a mi lado
es tu Hijo, el buen Jesús,
velando por mi familia
cuando se apaga la luz.
Amén.

Antes de comer

Puso mesa en el desierto,
presente está en mi hogar
bendice los alimentos
nunca los deja faltar.

Gracias por la provisión
que nos llega cual maná,
que podemos compartir
pues nos bendice el dar.

El pan de cada día,
regalo de amor y paz,
nos recuerda que en sus manos
el cristiano siempre está.
Amén.

...

Dios bondadoso:
Gracias por nuestra comida,
por tenerla aquí en la mesa
y por ser tan colorida.

Bendícenos para ayudar
a los que no tienen alimento,
queremos comunicarles
que eres nuestro sustento.
Amén.

Leche, pan o galletitas
en desayuno y merienda,
un poco de mermelada
para ir fuerte a la escuela.

En el almuerzo puré,
milanesas y ciruelas
y un buen plato de sopa
hace mamá en la cena.

Dios nos dio gran variedad
para una dieta completa,
nos regaló su creación
de bendiciones repleta.
Amén.

...

Padre que estás en los cielos
bendice los alimentos,
que en la mesa haya paz
y estemos todos contentos.
Amén.

Después de comer

Tu gran misericordia
nuestro apetito calmó
¡Gracias, Padre amado,
por darnos la provisión!
Amén.

Los ojos de todos se posan en ti,
y a su tiempo les das su alimento.

Salmo 145:15

El Señor cuida a todos los que lo aman.
Salmo 145:20

Antes de salir de viaje

Bendíceme Dios Padre,
Jesucristo tu Hijo es,
con el Espíritu Santo
protegido estaré.
Amén.

...

Si subo a una montaña
o me interno en la espesura
siempre Dios irá conmigo
aunque la selva sea oscura.

Gracias, Dios, por las montañas
que forman la cordillera
adornando el paisaje
con colores de primera.
Amén.

Si río abajo yo estoy
llevado por la corriente
ayuda busco en Jesús,
amigo siempre presente.

Dios puso en el mar y el río
los peces para pescar
y en estas vacaciones
a muchos quiero atrapar.
¡Gracias, querido Padre,
por esta pesca especial!
Amén.

...

Voy en avión en el cielo,
libre de miedo y temor.
¡Dios que estás en todas partes
protégeme con tu amor!
Amén.

Al regresar de viaje

Gracias, Señor Jesús,
por nuestro hermoso viaje,
por cuidar de la familia,
y de nuestro equipaje.
Amén.

29

Antes de ir a la escuela

Gracias, Señor, por la escuela
que me da muchos amigos
y también por la maestra
que me enseña con cariño.

Ayúdame a estudiar,
a ser bueno y valiente
para poder decir no
si algo no es conveniente.

Quiero ser buen compañero,
crecer como tu Hijo amado
en estatura y en gracia
como Jesús consagrado.
Amén.

Después de la escuela

En este día de escuela
muchas cosas aprendí
¡gracias, Jesús bondadoso,
por hacer que sea así!
Amén.

Jesús siguió creciendo en sabiduría y estatura.
Lucas 2:52

Vengan, cantemos con júbilo al SEÑOR.

Salmo 95:1

Antes de ir al templo

Bienvenidos son los niños,
dijo Jesús en el templo,
y tan gozosos nos pone
¡que bailamos de contentos!
Amén
...
Me gusta el día domingo
porque a la iglesia vamos
a cantar himnos a Dios
junto a todos los cristianos.

Somos familia de Cristo,
formamos su gran rebaño
y en el nombre de Jesús
nos queremos como hermanos.

Aprendemos de la Biblia
que es nuestro libro sagrado,
¡oremos por todo el mundo
y el perdón de los pecados!

Querido Dios, nuestro pastor,
estamos ante tu presencia,
cantamos en tu honor
por tu gran benevolencia.
Amén.

Después del templo

Cuánto júbilo nos deja
participar del oficio
¡Gracias, Señor Jesús,
por darnos tu sacrificio!

Que tu luz nos acompañe
y tu Palabra bendiga,
¡gracias por tu donación
de gozo, paz y alegría!
Amén.
...
Señor ¡cuánto te amo!
Señor ¡cuánto me amas!
Gracias por darnos un templo
en donde hallar paz y calma.

Señor, he estado en tu casa,
de tu amor fui convidado,
gracias por perdonar
mis errores y pecados.
Amén.
...
Lluvias de gracia
recibimos en el templo
y expresando gratitud
nos sentimos muy contentos.

Que pueda volver muy pronto
a invocarte con unción
¡Bendícenos, Padre nuestro,
en tu casa de oración!
Amén.

Todos podemos hablar con Dios
a través de la oración.
¡Gracias, Padre querido, por escucharnos!

Situaciones
personales

Cuando oramos, Dios nos escucha atentamente,
porque tiene mucho interés en nosotros
y en todas las personas del mundo.
Existen muchos niños que no tienen todo lo que necesitan,
podemos orar por ellos, incluirlos en nuestras peticiones
y recordarlos con amor cuando damos gracias
por todo lo que Dios pone a nuestro alcance.

¡Gracias, Padre, por darnos un corazón lleno de amor!

El cuerpo

Éste/a soy yo:
cabeza, pecho, piernas y manos;
en mi corazón Jesús,
y de otros niños, hermano.

En tus manos, Señor,
hallo fuerza y protección;
cuerpo, alma, lo que es mío,
encomiendo a tu loor.
Amén.

Enfermedades,
buena salud

Dios me regaló un ángel
para andar en compañía,
si me caigo ¡me levanto!
él me ayuda todo el día.

Crezco como el buen Jesús,
en gracia y en estatura.
¡Bendíceme con amor,
con salud y hermosura!
Amén.

Hoy no me siento bien
debo quedarme en la cama,
descansar, estar tranquilo
y esperar hasta mañana.

Cuerpo y alma se cobijan
al abrigo de tu luz,
por Jesús resucitado
se restaura mi salud.

Dame paz, sabiduría,
esperanza en el dolor,
en el nombre de tu Hijo,
de Jesús, mi Salvador.
Amén.

...

Te pido Señor por los niños
que sin familia, o enfermos,
están tristes y precisan
de tu amor como remedio.
Amén.

Señor, mi Dios, te pedí ayuda y me sanaste.
Salmo 30:2

Familia y relaciones

Mi alma alaba al Rey del cielo
por la familia cristiana
que nos dio como refugio
a mis hermanos y hermanas.

Gracias le doy al Señor
por papá, mamá y los tíos,
por cuidar de mis abuelos,
por mis queridos amigos.

Señor bendice a mis maestros,
a mi iglesia, a mis vecinos,
en el nombre de Jesús
tu presencia va conmigo.
Amén.

...

La abuela tejió estas medias,
mamá me puso el abrigo,
con estos guantes de lana
¡gracias, Dios, no tengo frío!
Amén.

Me gusta estar en casa,
Dios aquí puso mi hogar,
por eso, luego de usarlas,
mis cosas voy a guardar.
Amén.

...

En el agua calentita
mamá me deja jugar
gracias, Señor, por este baño,
¡burbujas voy a soplar!
Amén.

...

Dios grande ¡eres tan bueno!
bendice a mi barrio entero
líbranos de los peligros
y tu paz conoceremos.
Amén.

Recomiendo, ante todo, que se hagan plegarias,
oraciones, súplicas y acciones de gracias por todos.

1 Timoteo 2:1

Busquen primeramente el reino de Dios y su justicia.
Mateo 6:33

Anuncio las buenas noticias

Uno es Dios nuestro Señor,
poderoso y santo es,
en Jesús, su Hijo amado,
el camino encontraré.

Con el Espíritu Santo
-igual que en Pentecostés-
anunciaré la Palabra:
"El Reino cercano es."
Amén.

En esto creo

Dios, por favor, perdóname,
da fortaleza a mi fe.
¡Gloria sea a Dios Padre
por Jesús de Nazaret!
Amén.

...

Jesús cerca de nosotros,
procurando nuestro bien,
nos prepara para el cielo
¡la nueva Jerusalén!
Amén.

...

Viviremos algún día
todos juntos en el cielo,
cantaremos ¡Aleluya!
no habrá ya desconsuelo.
Amén.

Alejamiento de un ser querido

Dios está en todas partes,
América, Europa, China,
no hay lugar donde no esté
y no te haga compañía.

Hoy debemos separarnos
de nuestros seres queridos,
bendícelos, Padre amado,
y vigila su camino.
Amén.

Amistades

Gracias, Jesús, por nuestros amigos,
por traernos personas tan especiales
aunque no estemos siempre juntos
ayúdanos a ser compañeros leales.
Amén.

Entrega

Gracias doy en oración
querido Jesús bendito,
¡muéstrame el camino simple
de lo que amo y necesito!

Mis palabras y mis obras
y todos mis pensamientos
por la gracia de Jesús
sigo tus mandamientos.
Amén.

...

Padre amado, tú me escuchas
cuando hablo en oración,
te entrego mi silencio
para atender a tu voz.
Amén.

Manténganse alerta y
perseveren en oración por todos los santos.

Efesios 6:18

Den gracias a Dios en toda situación.

1 Tesalonicenses 5:18

Ansiedades

Tu santo ángel
me das por compañía,
de él no me separes
en tristezas y alegrías.
Amén.

Perdón

Pecado y mal se alejan
por tu amado Hijo Jesús,
libre soy desde el momento
que murió por mí en la cruz.

...

Librado soy del maligno
si tu ángel me acompaña,
Dios custodia mi camino
y entre sus alas me guarda.

Cumpleaños

Hoy cumplo (seis) años
¡Gracias Dios por este día
de festejos y regalos
que me llenan de alegría!

Los abuelos y los primos,
mis tíos y mis vecinos,
los compañeros de escuela
vinieron a estar conmigo.

Los cumpleaños cuentan
los años y los cuidados
que Dios Padre nos regala
a sus hijos bienamados.
Amén

¡Gracias Señor por mirarnos con amor y benevolencia!
¡Gracias por escucharnos a través de la oración!
Y muchas gracias por respondernos con grandes bendiciones.

A través de la oración aprendí a amarte
¡porque tú me amaste primero!

Te amo con alegría y gozo y estoy muy feliz de ser tu hijo
¡Gloria a Dios!
Amén.

Estén siempre alegres, oren sin cesar.

1 Tesalonicenses 5:16-17